Harald Hurst

Ich bin so frei

Harald Hurst

1945 in Buchen geboren, hat keinen still dahinfließenden Lebenslauf zustande gebracht. Aufgewachsen im zerbombten Karlsruhe, im „Dörfle". Von dort stammt seine Sprache. Als Moses zur See gefahren. Um einige Illusionen erleichtert, aber muskulöser und drastisch aufgeklärt zurückgekommen. Manche Lehrer an weiterbildenden Schulen zur Verzweiflung gebracht. Verschiedene Tätigkeiten zum Broterwerb. Bis 1968 ein kurioses Abitur als sogenannter Schulfremder gelingt. Ausgedehntes und turbulentes Studium der Romanistik und Anglistik in Heidelberg und Mannheim. Nach dem Examen keine Übernahme in den Schuldienst. Seit 1980 freier Schriftsteller und ab und zu Journalist.

Preise und Auszeichnungen:

Einige Mundartpreise

Stipendiat der Kunststiftung Baden-Württemberg

Stipendium des Ministeriums für Kunst und Wissenschaft

Thaddäus-Troll-Preis

Harald Hurst

Ich bin so frei

Gedichte und Prosa

G. Braun

G. BRAUN BUCHVERLAG

4. Auflage 1998

Umschlagfoto: Manfred Schaeffer

Gestaltung: Robert Dreikluft

Satz: Barbara Herrmann, Freiburg

Die Deutsche Bibliothek – CIP-Einheitsaufnahme

Hurst, Harald:
Ich bin so frei : Gedichte und Prosa / Harald Hurst. – [Neuaufl.]. –
Karlsruhe : Braun, 1997

ISBN 3-7650-8193-0

Inhalt

Sternschnupp 7
Soso . . . en Dichter 8
Wie en Fuchs uff'm Feld 9
De Ernscht des Lebens 10
Geträumt 11
So ist es gut 12
Zwaiter Bildungsweg 14
Hochzeitsdag 15
Vater unser 16
Tandaradei 18
Lernprozeß 20
Mini-Märchen 21
Du dummer Bu 22
Saisonschluß 23
Ausgwogene Ernährung 28
Windartischt oder Schadefreud 29
Fernsicht 30
De Sigi 31
S' Landesübliche 32
One-Man-Band 34
Sprüch fürs Poesiealbum 36
Nachtigall 37
Do hanne num 38
Ein deutsches Gespann 40
Salut Schtroßburg 41

Trautes Heim oder Schöner Wohnen 43
Wenn Fritz Häfner sich einmal verirrt hätte 44
Die Lesung ist vorbei 46
Ohne dich 51
Wortspielerei 52
Der Lateiner 53
Übergangsgedicht 54
Eine runde Sache 55
Des Dichters Feierabend 56
Na sowas 58
Bei de schwäbische Verwandtschaft
oder s'Degerlocher Middagesse 60
Ein sanftes Ruhekissen 62
Drei Stoßgebete 63
Lautstärke 64
Gegende mit schöne Name 65
Fabian 66
Kleinanzeige 67
Fortschritt 68
Guck zu 69
Ruf'n doch mol a 70
So angelehnt ans Brombeermus 72
E kinnerfreundliches Lokal 73
Beim Dokter bstellt 74
Rotznasebüble 76
Vorsicht 77
Ich bin so frei 78

Sternschnupp

guck, e sternschnupp

schnell,
wünsch der was,
schnell!

en stereoturm von pioneer
un e gfriertr . . .
jetzt
isch's zu spät.

Soso . . . en Dichter

Soso . . . en Dichter sin Sie. Aha. In Ihrem Alter?
Ja – was mache Se denn beruflich, wenn mer
froge derf? Ich main, Dichte isch doch mehr e
Hobby, so wie Male oder Musik mache oder
Makramee oder was waiß ich.

Was macht de Herr Dichter, wenn's grad nix
zum Dichte gibt?

De Gürtel enger schnalle un e dumms Gsicht?

Sie, des habe Se schön gsagt. Mer merkt halt glei:
en Mensch, der sich ausdrücke kann.

Soso, Sie sin also en Dichter. Aha.

Wie en Fuchs uff'm Feld

s'wird herbscht
de wind kriegt zähn
un zauselt
an de vogelscheuche
dreht ihren schwarze hut
am dürre stock
un d'wolke kriege
dicke wasserbäuch
s'wird nimme dag

s'geht naus zu's
sage d'alde leut
s'geht naus zu's
un d'kinner
hopfe in d'pfütze

laß mi jetzt net allai
wie en fuchs uff'm feld
grad jetzt
wo alle viecher zammeschlupfe
grad jetzt
wo's naus zu's geht

De Ernscht des Lebens

mir däd s'lache noch vergeh
habe se gschrie
un mit'm finger gfuchtelt

un ich
hab halt scho widder
lache müsse

Geträumt

neulich
beim aufwachen
eiskalter schweiß
auf der stirn

ich hab geträumt
ich könnt nicht mehr träumen
und die Welt wär
wie sie ist

So ist es gut

Sie sind völlig entspannt
Sie atmen ganz ruhig
es atmet Sie ganz ruhig
strömt ein
strömt aus
ein
aus

Ihr Hirn wird leicht
leicht wie ein Flaum
Sie spüren ein angenehmes Entleeren
hinter der Stirn
Ihr Hirn entweicht
gasförmig
durch den halboffenen Mund
das tut gut
sehr gut

konzentrieren Sie sich jetzt
auf Ihr Gesäß
ganz auf Ihr Gesäß
es wird schwerer und schwerer
Ihr Gesäß
es füllt Sie ganz aus
wie eine Hose aus Blei
es wird Ihnen immer ähnlicher
Ihr Gesäß
immer ähnlicher
Sie s i n d Ihr Gesäß
Sie sitzen einfach nur da
und sind Ihr Gesäß

so ist es gut
sehr gut . . .

Zwaiter Bildungsweg

wenn er früher zuviel getrunke hat
hat'em de schädel gebrummt
un er war müd
am nächschte tag

wenn er heut zuviel getrunke hat
hat er migräne
un isch introvertiert
am nächschte tag

seit seim zwaite bildungsweg
sagt er alles viel schöner
aber er sauft immer noch
un hochdeutsch kann er a net recht
gott sei dank

Hochzeitsdag

ich hätt gern en blumestrauß
für mei frau
also scho was bessers
soll was vorstelle
mit e bissl grün dezwische

so bis sechzehn mark

Vater unser

Vater unser
den es vielleicht gibt
im Himmel oder auf Erden
oder was weiß ich wo

Unser täglich Brot
geht in Ordnung
wir haben heute schon gegessen
aber viele sind gestern eingegangen
in Dein Reich
weil sie nicht gegessen haben

Dein Wille geschehe
wenn Dir soviel daran liegt
aber vergib uns unsere Geduld
und führe uns in Versuchung
unseren Schuldigern
nicht immer zu vergeben
sondern auf die Nase zu hauen
wenn uns danach ist

und erlöse uns
von den Idioten
die uns manchmal regieren
und nimm uns nicht übel
daß wir sie selbst gewählt haben
uns ist manchmal kotzelend

Behalte Deine Herrlichkeit
wir brauchen sie nicht
aber gib uns die Kraft
und die Wut
und die Ehrlichkeit
ein Mensch zu sein
nicht in Ewigkeit
sondern jetzt
Amen

Tandaradei

Abendstille überschall
nur am Bach die Nachtigall
mit Singberufsverbot

Rosestock Holderblüt
s'Lebe macht gar so müd
in jeder Hand e Eikaufstüt
so gang i ans Brünnele
zum Trinke isch's net

Wiedele Wädele
hinner'em Städtele
geht s'Feinsliebchen frisch
uff de Autostrich
hat Äugelein wie zwai Mercedesstern
i hab's halt gar zu gern, i kann's gut leide
sieht aus wie Milch un Blut
verdient ganz gut
tandaradei

es zogen drei Burschen wohl über den Rhein
mit heissa juchei am Chemiewerk vorbei
am Brunnen samt Tor und Lindenbaum
mit schrumm-didel-dum
steht alles noch aus'm Volkslied so rum

Pershing im Wald
juchhe
Scheiden tut nimmer weh
nun ade, du mein liebs Heimatland
liebs Heimatland ade

Lernprozeß

es hat schon mancher
nach'me schlag
gege de kopf
d'bewußtlosigkait verlore

Mini-Märchen

„Danke der Nachfrage",
sprach die Sau zum Metzger,
„man wurstelt sich so durch".
Und der Metzger lachte
und war's zufrieden.

Du dummer Bu

s'ganze lebe
hasch noch vor dir
du dummer bu

so habe se oft zu'em gsagt

und dann hat er
schluß gmacht

weil er
s'ganze lebe
noch vor sich ghabt hat

Saisonschluß

die Saison geht zu Ende
die letzten Touristen packen
drücken Luft aus Schlauchbooten
schnallen ihre Abenteuerspielsachen
ihre Surfbretter und Mountainbikes
an Campingbusse und Wohnmobile

verbrannte Busen werden eingefettet
und in Körbchen gebettet
man ist mit seiner Bräune zufrieden
Keramik wird in Bildzeitungen gewickelt
die Frankfurter Rundschau wird in Amphoren gestopft
damit die Erinnerung die Fahrt übersteht
mit dem Hotelvorhang fährt man nochmal übers Schuhwerk
wenn die Saison vorbei ist
müssen die eh alles waschen
Koffer sperren hartnäckig die Mäuler auf
und werden mit vereintem Gewicht zugesessen
Trinkgeldberechnung mit Texas Instruments
auf eine Stelle hinter dem Komma genau
was empfiehlt der ADAC als landesüblich?
bei freundlichem Personal
und erstklassigem Service
wird der Mindestsatz aufgerundet

am letzten Abend leistet man sich was Besonderes
weil man alles so gut überstanden hat
außer einem bißchen Durchfall nichts gewesen
das Wetter hat den Erwartungen entsprochen
man hat jeden Tag baden können
kein Eigentumsdelikt ist zu beklagen
jetzt nicht noch leichtsinnig werden
wachsam bleiben
Schecks und Scheckkarte schön getrennt aufbewahren
Geldbeutel nie in die Gesäßtasche
Phototasche und Videokamera stets im Auge behalten
niemals über die Stuhllehne hängen
sondern vor sich auf den Tisch legen
vorsicht bei plötzlichem Gedränge
dann die Sachen beidhändig umklammern
ohne verkrampft zu wirken
nicht offen mit Geld hantieren
größere Beträge vorgezählt bereithalten
notfalls in der verriegelten Klokabine umschichten
vom unter der Unterwäsche übers Schambein
    geschnallten Leinenbeutel
ins unverfängliche Portemonnaie
und von dort leger in den Hosensack
Grundregel: keine Begehrlichkeit wecken
sich stets den Anschein geben
als sei man nur ein bißchen weniger arm
und kaum nennenswert reicher
als der Durchschnitt der Einheimischen
als habe man sich die paar Tage Urlaub
im Schweiße eines proletarischen Angesichtes
jahrelang vom Munde abgespart

die Täuschung gelingt nicht so recht
weil die Canon samt Zubehör zwofünf kostet
und der Camcorder von Sony zwoneun
und der Campingbus vierzigmille
man spürt seinen Gegenwert
im Blick der Einheimischen
ahnt die wachsende Risikobereitschaft
hinter ihren Stirnen
sowas macht nervös
man meidet finstere Gassen und einsame Plätze
aus Angst vor einem Schlag auf den Hinterkopf
kurz vor Saisonschluß

das Restaurant an der Promenade ist teuer
dafür blickt man beim Kauen direkt aufs Meer
der Sonnenuntergang ist im Preis enthalten
im Gegenlicht flickt ein Fischer seine Netze
die Atmosphäre ist unbezahlbar
die Servietten sind aus feinem Damast
die Kellner sind sauber
servieren von links und sprechen deutsch
Katzen haben Lokalverbot
wie daheim in Pforzheim
wo es einen Wirtschaftskontrolldienst gibt
das Menu besteht aus fünf Gängen
die Portionen dürften größer sein
aber man wird doch irgendwie satt
beim Hauptgang taucht die Sonne weg
der Kellner zündet die Tischkerze an
er schenkt nach
er hält die leere Flasche hoch

man dankt und nickt
beim Klirren der neuen Flasche im Eis
man denkt an die zu erwartende Rechnung
das mindert den Genuß
die befürchtete Endsumme schlägt auf den Magen
der Fischer packt seine Netze ins Boot
nach dem Eisdessert und dem Espresso
kommt die Rechnung angeschwebt
lautlos auf einem Tellerchen
beim Entfalten atmet man nicht
man wird blaß unter der Bräune
unter der Tischdeckenkante piepst Texas Instruments
das Nachrechnen dauert seine Zeit
Betrag für Betrag geht man durch
vergleicht mit der Speisenkarte
läßt die Getränkekarte nochmal kommen
aber es stimmt alles
nur beim Trinkgeld läßt sich noch was machen
man nimmt die Münzen vom Teller und geht

Ende September
noch lächeln die Kellner
aber die Teller landen härter auf dem Tisch
das Besteck wird schwungvoll hingeklimpert
liegt nicht mehr so akkurat
man wird immer mehr zum Ausländer
es wird Zeit, daß man verschwindet
die anderen sind auch schon fort
die Saison ist vorbei

einsam sonnt sich der Strand
das Meer macht wieder einen weiten Eindruck
die Fische staunen – keine Beine mehr im Wasser
die Kanalisation atmet auf und gurgelt sich frei
sanitäre Anlagen warten auf Installateure
boshaft grinst der Wasserhahn mit dem „caldo"
wieder ein paar Deutsche beim kalten Duschen verbrüht
in den Gassen tobt wieder die Muttersprache
die Flüche werden lauter, länger und saftiger
Familienstreit wird nicht mehr verschoben
Diskotheken sehen aus wie bankrotte Geisterbahnen
schwindelerregend purzeln die Preise
aus den Rückseiten der Speisekarten
wird Schmierpapier für die Schulkinder

die letzten Touristen haben gepackt
sie prüfen die Ölstände ihrer Wagen
studieren die Landkarten auf den Motorhauben
legen die Pinkelpausen fest
und geben Gas

die Einheimischen
stehen auf den Straßen und winken
ein großartiger Anblick jedes Jahr
die letzten Touristen
von hinten

Ausgwogene Ernährung

es geht halt nix
über e ausgwogene Ernährung

in seim eikaufswage
norwegischer lachs
un e bildzeidung

jetzt soll
der feine lachs aus norwege
in de bauch
vone'me mann
mit so'me kopf

mer füttert sich
unne
maischtens besser
als obe, gell

Windartischt oder Schadefreud

muß der verraise bei dem Sauwetter
mit seine zwai koffer un seim hut
womöglich will er noch komplett akomme

tragt er seine Koffer –
blost'em de Wind de hut vom kopf
halt er sein hut fescht –
bleibt'em ain koffer steh

hepp – fliegender wechsel
widder e paar meter
zirkusreif

zack – weg isch de hut
d'koffer abstelle
de hut verfolge
wie er rollt der hut
guck wie er rennt der trottel
olympiareif

e auto rollt drüber
ausgrechnt en bus
des war mol en hut

wenn s'em jetzt noch d'koffer klaue
lach i mi dod

Fernsicht

gute fernsicht heut

mer sieht sogar
mit bloßem aug
ganz deutlich
s'brett vor'm kopf

De Sigi

Sigi? Sigi? – Der Name sagt mir nix.

Des gibt's net. De Sigi mu'sch kenne. Den kennt doch die halbe Stadt.

Kann'sch mer den beschreibe?

Beschreibe? Hm . . .

Ja, beschreibe. Wie sieht er denn aus? Was hat er für e Gsicht? Ich mein, irgendwie muß er doch ausseh.

Nai, aigentlich net. Oder doch. Er fahrt en weiße Laredo Jeep, Allrad . . .

Aaah – hat er vorher en Turboporsche, smaragdgrün metallic gfahre?

Jaaa, genau!

Ach sooo, de Sigi! Des hätt'sch glei sage könne. Ich wer' de Sigi net kenne!

S' Landesübliche

die graue katholische feierdäg im november
wenn de himmel durchhängt
wie e nasses bierzeltdach
mit violette wolkewürscht
– krampfadere vom liebe gott –
die sich uffkratze an de kirchturmspitz
un rotz un wasser heule un
de wind
spuckt mäuler voll rege an d'scheibe

an allerseele, wenn mer die dode uff ihre
        nebeläcker bsucht
vorsichtshalber
daß die aim net selber ins haus komme
sich im wohnzimmer vor de fernseher stelle
mit ihre dreckbatze an de knöchelesfüß
aim vorwürf mache
mer wär für en lebendige viel zu dod
könnt aigentlich glei mitkomme
s'däd net uffalle
s'wär eh niemand uff de straß
un wo sie herkäme wär's garnet so übel

ich bin dehaim
wo d'leut was vertrage
wo sich d'männer beim Frühschoppe s'hirn
    plattsitze
wo die landesübliche vier knödl mit soß zum
    middagesse
s'blut aus'm kopf bauchwärts ziehe zum
    verdaue
wo mer nach'm esse
zamme ins bett schlupft
un s'landesübliche macht
weil s'blut sowieso grad
unnerum zu schaffe hat

an dene erotische katholische feierdäg
im november
wenn de himmel durchhängt
wie e nasses bierzeltdach

One-Man-Band

(Für Charlotte)

ich stopf mir das Hemd in die Hose
die kommt mir plötzlich so geräumig vor
im Radio bringen sie die Wasserstände
Rhein bei Maxau – gestiegen zwo
du brummst aus deiner Kissenhöhle
reibst dir noch halb in irgendeinem Traum
den feuerroten Hexenbesenschopf
ich steh mit Gänsehaut am Kaffeewassertopf
ich freu mich so auf dein Erwachen
hätt große Lust
mit Töpfen, Pfannen und Besteck
und allem, was mir in die Finger kommt
Radaumusik zu machen
in mir spielt eine One-Man-Band

der Herrgott reißt nur so zum Jux
seinen Himmelsbaldachin in Fetzen
läßt zum Entsetzen seiner Engelschar
die Morgensonne plumpsen
schießt sie mit einem Absatzkick
voll in ein rosagraues Wolkenfaß
die ganze kleine Stadt wird naß
er schlendert pfeifend himmelwärts
und zieht ein Lausbubengesicht
als sei er's nicht gewesen
über dem Marktplatzpflaster
geh'n die Tschibo-Schirme auf
die Spatzen saufen sich die Hucke voll
an einem Pfützentresen

und in mir
spielt eine One-Man-Band

Sprüch fürs Poesiealbum

solang's geht
bleib e kind
erwachse wird mer gschwind
älter
wird jeder idiot
reif sei haißt oft nur
halbdod

laß dir net von jedem
uff d'schulter klopfe
laß di net
in zu enge kittel stopfe
vor allem net in uniforme
un annere zu gnormte norme

un wenn'd als david
vor'm goliath stehsch
hab wenigschtens e freches maul
gib'em en zwergetritt
er isch vielleicht
nur e theater-requisit
spring an ihm hoch
probier
an seine alte zöpf zu zerre

wie dein vadder kannsch
notfalls
immer noch were.

Nachtigall

mir habe uns verliebt
in're mainacht
s'war echt lau
am currywurscht-stand
du – e bockwurscht in de hand
ich – e büchs bier

von nachtigall
kai spur

Do hanne num

A W

Zum Clubhaus vom Rot-Weiß wolle Sie? Des kann ich Ihne aifach erkläre. Folgendes: Sie fahre do hanne num, oder besser, dort hanne nüber. Des haißt, de kürzeschte Weg wär nadürlich . . . Jetzt passe Se uff! Sie drehe rum un fahre zrück wo Se herkomme sin, also zum Ortseigang, des haißt, für Sie isch's jetzt de Ortsausgang. Beim erschte Haus, besser gsagt, beim letschte Haus von hier aus gsehe, biege Sie rechts, also praktisch links ab. Über e klaines Betonsträßle – s'isch aigentlich nur für d'Landwirtschaft zuglasse, aber des macht nix in unserer Gegend – komme Se automatisch am Dobler Schorsch sei'm große Dickrübefeld vorbei un dann . . . aber Sie kenne sich net aus, gell? – Dann geht's net. Dann geht's net. S'wär halt de kürzeschte Weg gwese.

Also gut. Mir gehn uff Nummer Sicher. Gebe Se acht. Ganz aifach. Folgendes: Sie drehe net rum, Sie fahre net do hanne num un a net dort hanne nüber, Sie fahre dort hinne nunner, sehe Se, dort, dort wo ebe des Lieferwägele ei . . . jetzt biegt's net ei! Also dort, wo des *net* eigeboge isch, dort biege Sie aber ei. Dann halte Sie sich immer grad aus, immer grad aus. S'alte Schulhaus lasse Se links liege. Rechterhand kommt d'Mehrzweckhall, dann d'Kläralag. Des interessiert Sie alles net! Sie fahre grad aus. Sie biege praktisch nie ab. Erscht dort, wo's aussieht, als käm nix meh, beim Bauplatz vom Kreutzinger Sepp . . . aber Sie kenne sich überhaupt net aus, gell?

Heieiei, des isch e Problem. Ja ware Sie noch gar nie in unserer Gegend? – Sie, do muß i überlege. Net daß ich Ihne was Falsches sag. – Jetzt hab i's, alles klar. Folgendes: Sie fahre doch glei do hanne num. Un dann froge Se vorsichtshalber nochmol. Wo's Clubhaus isch kann Ihne hier jeder sage.

Ein deutsches Gespann

in vielen Fällen
ist der deutsche Schäferhund
seinem deutschen Halter
an Intelligenz unterlegen
was das Tier jedoch
durch seinen Gefühlsreichtum
wieder ausgleicht

Salut Schtroßburg

für die Musikantenfreunde
François Brumbt und Axel Fischer

salut schtroßburg, ça va, wie geht's?
du bucklichs hutzelweib
mit deinre schwarze sammethaub
von kirchemoos un ziegelscherbekarmesin
mit deinre mittelalterkrätz am kopf
von taubeschiß und feuersbrunscht
von peschtilenz un regemessinggrün
mit deine alte pflaschterstaigedärm
voll pinot blanc un münschterkäs
bischofslila, marseillaise
weiberwackelärsch, baguette
soß vinaigrette un schwarzer zwischedurch-
un feierobendzigarett

salut schtroßburg, ça va, wie geht's?
mei apfelbackichs bauremädle
mit deinre gugelhupffrisur
e goldes kettle
um dei bauremädlefüß

ich wünsch mer nur, ich kann bei dir
noch manchen katzefaule sommerdag versitze
im ahornschatte an deim mittagsgrüne bach
mit de chantal, de melanie, mit ainre
die i nimme waiß un nimme sieh
des sommermenschelebe spür bis in
d'fingernägelfußzehspitze

salut schtroßburg, bauremädle, hutzelweib
mit deine rieslingzitze

Trautes Heim oder Schöner Wohnen

Heimsauna
Heimsolarium
Heimcomputer
Heimvideo-Hifi-Studio
Heimpilszapfsäule
vom Heimwerkercenter
im Keller – unheimlich
Heimkrematorium
thermostatisch gekoppelt
mit elektronischer Heimorgel

bei 400 Grad Celsius
Largo von Händel
diskreter Heimgang
im Homedress

Wenn Fritz Häfner sich einmal verirrt hätte!

von weitem sehen sie
seine extra urlaubskappe leuchten
über den flimmernden hügeln

sie verkaufen ihm kastagnetten
die nie klappern werden
in seinen sachbearbeiterhänden
sie verkaufen ihm
esel- und kamelritte muschelketten
votivtafeln und strohhüte
spanferkelorgien und stierkämpfe
ihre kathedralen ihre hütten
guitarren hochzeiten ihre tänze und das meer
samt sonne seegang und fisch
ihre trauer ihr schnappschußlachen
die geblähten bäuche der kinder
das boot des fischers
mit rundfahrt und insel und abenteuer

alles zu einem gruppenbild geordnet
nichts unterm hemd zurückbehalten
für fritz häfner mit dem euroscheck
der gegen alles geimpft ist
(nur nicht gegen sich selbst)

in neapel klaut ihm ein spaghetti den opel
in murcia ein zitronenschüttler die spiegelreflex
sein goldener ring aus dem basar in istanbul
wird schon grün auf der heimfahrt
ein bettelndes weib in der hotelhalle
klimaanlage defekt personal unaufmerksam
essen ein skandal
feiner sandstrand versprochen
fürs geld

in wiesbaden ist september
da klebt er sonnenbilder in alben
schreibt beschwerdebriefe
ans reisebüro

wenn fritz häfner sich einmal verirrt hätte!
in barcelona oder murcia
wäre er vielleicht ramón begegnet
der morgens seine karte in die stechuhr drückt
wie er
dann hätten sie kalten sauren rotwein getrunken
und prost und salud
hätte genügt für den anfang
und fritz hätte den kleinen von ramón
ein stück weit getragen
und am bauch gekitzelt

wenn fritz häfner sich einmal verirrt hätte
in barcelona oder murcia
hombre, was für ein tag!

Die Lesung ist vorbei

Bitte, Herr Dichter, könnten Sie uns was in Ihr Buch schreiben? Vielleicht 'n kleinen schlauen Spruch, Ihnen fällt doch sicher was ein? – Nein? Na ja, dann schreiben Sie einfach Ihren Friedrich Willem hin, eventuell mit Ort und Datum, das reicht. Wissen Sie, der Wolfi, unser Zehnjähriger, ist ganz verrückt auf Autogramme. Den Paul Breitner hat er schon – mit dem haben Sie übrigens eine gewisse Ähnlichkeit, hat Ihnen das schon mal jemand gesagt? – Nicht? Jetzt wissen Sie's. Jaja, unser Wolfi ist ein ganz eifriger Autogrammjäger. Die ganzen Spieler vom KSC hat er, dann den Toni Marshall, den Roland Kaiser, den Howard Carpendale, das ist der mit dem Hello Again, das kennen Sie bestimmt, und diesen Negersänger mit dem schönen spanischen Namen – wie heißt der doch gleich, Walter? – Roberto Blanco, genau. Wer weiß, vielleicht werden Sie eines Tages auch mal so berühmt wie die und kommen im Fernsehen. Man hat schon Pferde kotzen sehen – entschuldigen Sie den Ausruck, aber es ist doch so. Man kann nie wissen, gell. Also, alles Gute.

Haben mir sehr gut gefallen, Ihre Gedichte und Geschichten. Sagen Sie, wie spät haben wir eigentlich? – Was, schon halb zehn? Lesen Sie noch was vor? – Nein? Egbert, komm zu Dir! Wach auf, die Lesung ist vorbei! Das dürfen Sie nicht persönlich nehmen, nach einer Stunde fallen ihm immer die Augen zu. Beim Fernsehen geht es noch schneller. Wir sind eben nicht mehr die Jüngsten. Haben Sie nochmals Dank für den netten Abend.

Verzeihung, es drängt mich, Ihnen mitzuteilen, daß ich bewegt, um nicht zu sagen ergriffen bin. Sie haben in meinem Gemüt Saiten zum Schwingen gebracht, die ich gar nicht bei mir vermutet hätte. Mit Ihren Gedichten kann man beim ersten Hören auf so wundersame Art nichts anfangen, und doch fühlt man im Innern, daß etwas haften geblieben ist und nachklingt. Ich weiß nicht, wie ich das ausdrücken soll. Ihre Prosa hingegen, nehmen Sie mir meine Offenheit nicht übel, hat mich weniger angesprochen. Das ist mir alles zu direkt, so – pardon – so hingekübelt. *Müssen* Sie denn gewisse Dinge so beim Namen nennen. Literatur ist doch wohl die Kunst des schönen und erhebenden Umwegs, der treffenden Umschreibung. Sehen Sie, jetzt wollte ich Ihnen ein Büchlein abkaufen, um es einer älteren Dame aus meinem Bekanntenkreis zu schenken. Das ist mir nun unmöglich. Lassen Sie sich das gesagt sein, junger Mann, mit Ihren Deftigkeiten auf gewissem Gebiet, Sie wissen, was ich meine, da brüskieren Sie einen erheblichen Teil Ihrer Leserschaft, den edleren, kunstsinnigeren Teil. Also Ihre Prosa, nein, das ist nicht mein Fall. Da habe ich quasi aus Notwehr abgeschaltet und mich folglich ein bißchen gelangweilt. Aber zum Trost möchte ich Ihnen versichern, es war zumindest eine relativ angenehme Langeweile. Und mit manchen Ihrer Gedichte machen Sie ja so vieles wieder gut. Leben Sie wohl. Sie haben mich als Leserin nicht verloren. Trotz allem.

Sagen Sie mal – eine Frage: Diese Sprüche, die Sie heute abend so losgelassen haben, Ihre Gedichtlein, sind die alle auf Ihrem Mist gewachsen? – Donnerwetter! Da waren schon Hämmer dabei. Sowas muß einem erst mal einfallen. Ich mach Ihnen einen Vorschlag. Sie könnten doch mal was für unseren Karnevalsverein schreiben, eine gepfefferte Büttenrede, von mir aus was Kritisches, aber zum Lachen. Sie haben doch das Zeug dazu. Sie schauen so skeptisch. Natürlich müssen Sie Ihren Pegasus, Ihren Dichtergaul, nicht umsonst satteln, Sie müssen ja auch leben. Da können Sie sich mal 'ne neue Hose zulegen oder Ihre Frau oder Freundin zu einem ordentlichen Essen einladen. Hier, meine Visitenkarte. Sie rufen an. Alles klar?

Sagen Sie, was mich als Germanist, als Fachmann sozusagen, besonders interessiert – dieser Abortdeckel, respektive Klobrille, die in einem Ihrer Prosatexte, den ich gattungsgeschichtlich nicht recht einordnen kann, er scheint mir weder die Formkriterien der Kurzgeschichte, noch die der Erzählung, der Novelle oder irgendeiner anderen prosaischen Kurzform zu erfüllen, aber was ist heute per definitionem und de facto noch ein Roman im klassischen Sinn? Wir haben ja nur noch negative Kriterien der Beschreibung zur Verfügung, das heißt, wir stellen fest, was nicht mehr als Gattungscharakteristikum vorhanden ist. Und mutatis mutandis – herrjeh, was wollte ich eigentlich sagen? – Ach ja, diese Klobrille, die sich als Leitsymbol durch die ganze Geschichte zieht. Was wollen Sie durch dieses Bild oder Symbol der Klobrille eigentlich ausdrükken? – Wie meinen Sie? Eine ganz normale, handelsübliche Klobrille sei das, Standardausführung aus schwarzem Plastikmaterial? Nein, nein, so geht das nicht. Das können Sie mir als Fachmann in literarischen Dingen nicht erzählen. Warum lassen Sie dann Ihren Helden so häufig und detailliert beschrieben aufs Örtchen? Das wäre ja, als reiner Handlungsablauf verstanden, redundant, also ganz und gar unliterarisch. – Soso, Sie wüßten das nicht, sagen Sie. Vielleicht, weil er was Schlechtes gegessen hat, meinen Sie. Durchfall, Diarrhö, weiter nichts. Hahaha, ich versteh schon, Sie wollen mich ein bißchen auf den Arm nehmen, wie? Aber nichts für ungut. Tschüs.

Geben Sie mir mal so'n Buch da. Mal ganz ehrlich, unter uns, bechern Sie'n bißchen was beim Schreiben? Ich meine, inspirationshalber. Moselweinchen für die Gedichte, Export bei den Prosasachen? Hab ich recht? Na? Das gehört doch dazu in Ihren Kreisen. Neulich hab ich in einer Illustrierten was gelesen über so einen Schriftsteller aus Irland. Ganz komischer Name – Behan oder so ähnlich. Sie, der hat sich, auf deutsch gesagt, regelrecht den Kragen abgesoffen. War nicht viel älter als Sie, wenn überhaupt. Und prompt ist der Mann berühmt geworden. – Sehen Sie mich nicht so erschreckt an, es muß ja nicht immer so ablaufen. Nehmen Sie den Simmel. Der lebt schließlich auch noch, und den kennt jeder. Der hat aber auch so rote Äderchen im Gesicht. Ich glaube, der süffelt ganz schön was weg. Aber bitte, es rentiert sich. Manche bechern ja bloß, ohne daß dabei was rauskommt. Hab ich recht? Na ja, nehmen Sie mich nicht so ernst. Die Atmosphäre hier war eben 'n bißchen steif, da kann man ein Späßchen vertragen. Was kriegen Sie denn für das Buch? – Was? Sechzehn Mark achtzig? Mein lieber Schwan, mit dem Preis langen Sie aber kräftig hin. Dafür krieg ich 'ne Pizza Calzone, ein Glas Frascati und hab immer noch Geld für 'ne Schachtel Zigaretten. – Nein, jetzt lassen Sie's. Geben Sie her. Sie haben ja schon das Datum reingeschrieben. Hier, zwanzig Mark. Drei zwanzig krieg ich nach Adam Riese von Ihnen zurück. Also, ab und zu mal 'n Glas Sprudel trinken statt Wein. Ist gesünder. Auch billiger. Dann können Sie auch Ihre Bücher 'n bißchen billiger verkaufen. Hab ich recht? Alles klar.

Seien Sie mir nicht bös, aber was Sie uns da heute abend an Literatur, an sogenannter Lyrik vor allem, vorgesetzt haben, war eine ziemlich dünne Suppe. Und ich weiß, wovon ich rede, ich schreib nämlich selbst. Ich hab daheim so an die zweihundert Gedichte in der Schublade liegen, Liebesgedichte hauptsächlich. Da steckt aber was drin, mein Lieber. Da ist Substanz, Tiefgang. Wenn ich die hier vorlese, da flennt der ganze Saal. Wissen Sie, wie ein Manuskript mit zirka zweihundert Gedichten aussieht? So dick ungefähr, oder so, zwei bis drei Zentimeter stark. Das ist anders als Ihr Büchlein da. Da hat man was in der Hand. Ich schick Ihnen mal die Kopien zu. Bin gespannt, was Sie dazu meinen. Aber ich wette, da schmeißen Sie Ihre Sachen fort. Das war doch Schlagerniveau . . . Bertold, komm jetzt! Beleidige doch den Mann nicht. Du bist ungerecht, wirklich. Entschuldigen Sie, er schreibt halt auch, und da regt er sich immer so auf.

Herr Lebrecht, kommen Sie bitte kurz mit nach nebenan, das Finanzielle klären. Wir hatten zweihundert ausgemacht, nicht? Nun war natürlich der Besuch etwas spärlicher als wir gedacht hatten. Das haben Sie ja selbst gesehen. Sagen wir hundertfünfzig? Ist doch leicht verdientes Geld. Ich muß Ihnen einen Verrechnungsscheck geben. Keine Sorge, er ist gedeckt. Was machen Sie jetzt anschließend? Gehen Sie ein bißchen mit. Den Abend ausklingen lassen.

Ohne dich

du gibst wieder
viel zu viel gas
beim losfahren
aber das ist jetzt
nicht mehr mein problem

eine städtische taube
scheißt mir exakt
zwischen hemd und hals
schöne leistung
aus dem flug

abspachteln
mit einer alten kinokarte

fängt ja gut an
ohne dich

Wortspielerei

wenn wir alle
gesund empfinden
haben wir ein
gesundes volksempfinden

wer dann nicht
gesund volksempfindet
sondern anders empfindet
bleibt nicht lange gesund

da ist ein gesundes volk empfindlich

Der Lateiner

weil er nach

vier jahren volksschule
neun jahren gymnasium
sechs jahren hochschule
tatsächlich
seinen kopf
benutzt hat

ist er jetzt
der einzige lateiner
in der putzkolonne

Übergangsgedicht

ich hätt gern
was für de übergang
wo's noch net direkt regnt
un wo mer doch irgendwie naß wird
und mer a bissl schwitzt
obwohl mer a e bissl friere könnt
was für die zeite
wo kai wetter isch

was dezentes
aber net so
daß es uffallt
e kräftiges grau vielleicht
zum kombiniere mit allem

halt e richtige übergangsjack
feierlich un strapazierfähig
die mer a mol zu're hochzeit
notfalls zu're beerdigung
aziehe kann

e jack
in der mer de leut
zum verwechsle ähnlich sieht

s'innefutter
derf ruhig e bissl frech sei

Eine runde Sache

vielleicht
hast du recht
vielleicht
bin ich wirklich
das Arschloch
meiner Generation
zugegeben
das ist nicht viel

aber es ist wenigstens
eine runde Sache

Des Dichters Feierabend

nach der lesung
wenn der dichter feierabend hat
geht er bier trinken

er wischt sich die pilsblume vom mund
spannt seine bauchmuskeln
und läßt einen sorgsam gepflegten
poetischen furz

die musik spielt laut
niemand hat ihn gehört
die wirtschaft ist voll
jeder kommt als täter in frage

es riecht nicht gut

die umgebung schnuppert
der dichter schnuppert auch
mißtrauische blicke
entrüstete blicke
jeder gegen jeden
empfindsame nasen
entfernen sich dezent
und – machen sich verdächtig

der dichter bleibt
und freut sich
über das interesse
an seiner arbeit

da soll einer sagen
literatur bewege nichts

Na sowas

auf dem Geländer meines Balkons
liebt sich ungeniert ein Spatzenpaar
morgens um halb neun
na sowas

die Spätzin tut so
als wolle sie nicht
weil sie weiß
daß der Spatz dann
umso mehr will
und genau das will sie
diese Spätzin

aber der Spatz blickt durch
und spielt extra verrückt
der Spatz ist ein Naturtalent
das Vögeln – oh pardon
ihr feinen älteren Damen –
will natürlich sagen:
die Liebe betreffend

so alle dreißig Sekunden
läßt sich die Spätzin erobern
weil sie sonst zu nichts kommt
sie knüllen sich zu einem Federbällchen
plustern sich auf
zu einer piepsenden Freudenkugel

ich geh näher ran – ganz piano
will seh'n wie das funktioniert
mit der Liebe bei den Vögeln
da flattern sie davon
lassen mich zurück
irgendwie ganz daneben

ich ruf dich an im Geschäft
morgens um halb neun
na sowas
sagst du
das machst du sonst nie

Bei de schwäbische Verwandtschaft oder s'Degerlocher Middagesse

will'sch net doch
d'Schuh ausziehe?
um de Teppich geht's mer net
aber du hättsch's halt bequemer
do sin e Paar Schläpple vom Eugen

wart, ich leg dir e Deckle drunner
s'isch net wege de Couch
s'isch bloß
daß'd net so direkt
mit de Hos druffsitzsch

guck, e Rieseschüssel Kopfsalat
schöpf dir ordentlich
der wachst im Garte

sieh'sch, ich hab extra die bessere Nudle gnomme
wenn du scho mol do bisch
hab i mir denkt
un so oft kommsch jo net

zum Wohl, aber gell
den Wein mit Verstand trinke
s'isch was Bsonderes

also, en gute Appetit
greif kräftig zu
s'braucht nix übrig bleibe

s'isch scho verschmerzt

Ein sanftes Ruhekissen

morgens
pünktlich um sieben
läutet mein wecker
ich ziehe laut
die läden hoch
damit die nachbarn hören:
aha
der hurst ist aufgestanden

dann
schlüpfe ich wieder ins bett
schüttle mir aus meinem ruhigen gewissen
ein sanftes ruhekissen
und freue mich
daß die nachbarn jetzt wissen
daß ich aufgestanden bin

Drei Stoßgebete

1.
geht was gut
war es fügung
geht was schief
war es prüfung
im show-business
wär's schiebung

2.
kein sperling
fällt vom dach
ohne daß du es willst
lieber gott

wenn's hier so weiter geht
hast du bald nichts mehr
zum fallenlassen

3.
lieber gott
nimm's nicht übel
wenn wir
bei deiner ankunft
nicht mehr da sind

Lautstärke

heute
flüstern die leute
was sie nicht wollen

morgen
schreien die leute
das
hätten sie nicht gewollt

Gegende mit schöne Name

domols – s'isch lang her
mei bild im paß hat mir noch ähnlich gseh
s'gepäck war leicht
de wind hätt's helfe trage
un d'stiefelspitze ware gstellt
nach gegende mit schöne name
samoa
bagdad
kalifeland
katmandu
saragossa
magnetberg
samarkand
timbuktu
wie des klingt
borneo
schlaraffeland
valparaiso

ich bin bloß
bis lambrusco komme

Fabian

s'fabianle
hat ebe gmerkt
daß unner seim bauch
e luschtigs zipfele wachst

zum dra ziehe
un schnalze lasse
zum zwirble
verdrehe
schaukle lasse
oder aifach
zum zugucke
wie's hängt

fabianle
wenn's nur dich gäb
un dei zipfele
s'wär scho
de friede wert

Kleinanzeige

esoterischer Frauenzirkel
Wirkstatt e.V.
sucht per sofort
für die Mittwochssitzungen
zum spirituellen Trommeln
und zur Flötenbegleitung
der Stillgruppe
einen älteren Indianer

Navajo angenehm

Fortschritt

einen schritt noch
und wir sind
fortschrittlich

gewesen

Guck zu

guck zu daß d'sesch wie's geht

erscht so
dann so
un – zack fertig

hasch gseh wie's geht? jetzt du!

erscht so – richtig
dann so – jawoll
un – h a l t ! h a l t !

sowas von zwai linke händ
also nochemol
guck zu!

erscht so – hasch gseh?
dann so – kapiert?
un – a u !

guck net so blöd!

Ruf'n doch mol a

früher
war de Willi
aifach fort
wenn er net do war

die Zeit isch vorbei
als very important person
muß de Wille heut
jederzeit un überall
erreichbar sei

er telefoniert an de Ampel
mit seim Frisör
wie's in zehn Minute
mit Haarschneide wär
zwische seine Termine
hätt er e halbs Stündle frei
er sei im Streß
aber käm gschwind vorbei

wenn er vom Nachbarauto
en Fraueblick spürt
reißt er sein Hörer ans Ohr
un telefoniert
un fallt'm nix zum Schwätze ei
dann macht er halt e wichtigs Gsicht
sagt notfalls roger
un stand by

also wenn de Willi merkt
wie so e Frau sich intressiert
wenn er im Auto telefoniert
des sin so Augeblicke
wo sich des Autotelefon
lebensgfühlsmäßig
voll rentiert

sei Waltraud ruft a
bei hunnertachtzig
uff de Autobahn
beim Überhole
s'gäb Goldbarschfilet
mit Kartoffelsalat
wann mit ihm zu rechne sei
sie hätt vergesse
Bier zu hole
er käm doch bestimmt
anre Tankstell vorbei
er muß bremse
spielt mit de Lichthup
un fädelt sich ei
so e Autobahngspräch
könnt sei letschtes sei
also roger, Waltraud
bis nachher
stand by

ach
ruf'n doch mol a
ich glaub
er dääd sich freue

So angelehnt ans Brombeermus

bleib ruhig liegen
du schöne schlafverklebte
es ist noch zeit
ein frisches träumchen anzubrechen

ich zieh mir meine Stiefel an
und geh ganz leis die treppe runter
der bäcker vis-à-vis
hat längst die hand im teig
die sonne gibt schon zunder

ich leg dir auf'n frühstückstisch
ein schnipselchen vom zeitungsrand
so angelehnt ans brombeermus
mit einem allerliebsten gruß
und einem strauß
vergißmeinschnell

E kinnerfreundliches Lokal

Bezahle, Herr Ober

Die Sach mit de Dischdeck dud uns laid,
Entschuldigung

S'Büble hat mit seim Schwungradauto – –
Sie wisse doch wie Kinner sin.
Beim Wäsche wird's rausgeh.

Die Scherbe von dem Fantagläsle
un die Erd vom Blumetopf
hab ich Ihne unner'm Disch
mit'm Fuß e bissl zammegscharrt.
E paar Spätzle sin a debei.
Er kann halt noch net gscheit esse.

Was sin mer schuldig?
39 Mark achtzig?

40 Mark. Stimmt so.

Beim Dokter bstellt

Du, Baba . . .

Was isch? Warum bleib'sch denn steh
un guck'sch in d'Luft?
Siehsch en Flieger? Oder en Luftballon?

Du, Baba, de Himmel isch weit obe, gell?

Ja scho. Aber komm jetzt, komm!
Mir pressiere, am zehne . . .

Warum isch de Himmel so weit obe?

Weil halt . . . weil halt . . . ach was!
Do obe isch nix. Des sieht bloß so blau aus.
Auf geht's!

Isch nix blau?

Was? . . . Nai, nadürlich net.
Nur wenn d'Sonn scheint. Hopp!
Am zehne sin mer beim Dokter bstellt.

Warum nur wenn d'Sonn scheint?

Weil dann's Licht . . . Herrgottsakrament!
Des lernsch später in de Schul.

Herrgottsakrament isch e wüschtes Wort,
des derf mer net sage, hat d'Oma gsagt.

Ja Herrgotts . . . dann frag halt dei Oma nach'm
Himmel! Komm jetzt. D'Ampel isch grün.

Gell, im Himmel wohnt de liebe Gott.

Jaja, dort wohnt . . . was? Wer sagt denn sowas?

D'Oma.

Wenn sich die Oma so gut auskennt, dann soll
die s'nächschte Mol mit dir zum Dokter geh.
Hopp auf! Du will'sch doch gsund were, oder?

Aua, jetzt ha'sch mer weh gmacht.

Des hab i net wolle. Heul net un komm jetzt.

Gell, do hat de liebe Gott en weite Weg,
wenn er . . . wenn er . . . Muß der a schaffe geh?

Jesses Bu, ja, ja . . . de liebe Gott do obe
wo nix blau isch wenn d'Sonn scheint
muß a schaffe geh un hat en weite Weg.
Von mir aus. Aber jetzt zack-zack!
Nachher kauf i dir e Brezel un erklär dir alles.

Dann fliegt er von obe runner wie en Vogel, gell?

Ja, genau wie en Vogel.

Baba, warum guck'sch denn in d'Luft?
Kommt er?

Rotznasebüble

du hasch e rotznas, büble
bis in de mund nei

komm, i mach's weg

herrschaftswelt –
doch net mit de zung!

du musch in deim lebe
noch gnug schlucke

Vorsicht

vorsicht
mit de denkerei!
maischtens langts net zum genie
aber normal isch mer nimme
genial isch mer noch net
bloß durchschnittlich wahnsinnig
normalverrückt.

Ich bin so frei

vielen dank
ich bin so frei
un nemm e stück
von dere freihait

sogar e großes stück
wenn's recht isch
s'schmeckt halt so gut

s'isch sowieso meins
wenn i's recht aguck

Weitere Bücher von Harald Hurst im G. Braun Buchverlag

Das Zwiebelherz
Liebesgeschichten

„Wer bisher nur seine lustig-hinterhältigen Gedichte kennt, hat hier Gelegenheit, den Erzähler Hurst kennenzulernen: aberwitzige, situationskomische und pralle Geschichten aus dem Alltag."
Deutsches Allgemeines Sonntagsblatt

De Polizeispielkaschte
Mundartgeschichten

„Mundart ohne den üblichen Schmus, ohne Heimatduselei und Rückwärtsgewandtheit ..."
Badische Neueste Nachrichten

Daß i net lach!
Geschichten und Gedichte

„Die Geschichten von Harald Hurst sind mit der verqueren Komik unterfüttert, der angesichts unserer gängigen Katastrophen nichts als Gelächter übrigbleibt."
Stuttgarter Zeitung

So e Glück!
Geschichten und Gedichte

„Hurst hat keine Berührungsängste mit dem ganz gewöhnlichen Kuddelmuddel des Lebens. Das macht ihn so populär; und daß er den Alltag nicht bloß abbildet, sondern mit wenigen Worten zu erhellen und zu vertiefen versteht, das macht ihn zum Dichter."
Badische Neueste Nachrichten

UND SEINE BESTEN TEXTE AUF CD:

Der mit de Wurscht
Live-CD mit Harald Hurst, begleitet von Gunzi Heil.

Harald Hurst trägt hier, auf seine unvergleichliche Art, u. a. folgende „Klassiker" vor: „Do hanne num", „Jens Schönemann" und „Gmütlich sitze".